ESCONDIDO SCHOOL
PALO ALTO UNIFIED SCHOOL DISTRICT

MANUALIDADES DIVERTIDAS

DESCUBRE EL COLAGE

Descubre el colage

Autora: Carme Bohera
          Profesora de plástica

Dirección editorial: Mª Fernanda Canal
Fotografía: Nos y Soto
Diseño gráfico: Josep Guasch y Jordi Martínez
Dirección de producción: Rafael Marfil

Séptima edición: noviembre 2000
© Parramón Ediciones, S. A. - 1995

Editado y distribuido por Parramón Ediciones, S. A.
Gran Via de les Corts Catalanes, 322-324
08004 Barcelona

ISBN: 84-342-1903-4
Depósito legal: B-40.875-2000
Impreso en España

Prohibida la reproducción total o parcial de esta obra
mediante cualquier recurso o procedimiento,
comprendidos la impresión, la reprografía, el microfilm,
el tratamiento informático o cualquier otro sistema,
sin permiso escrito de la editorial.

MANUALIDADES DIVERTIDAS

DESCUBRE EL COLAGE

Isla desierta

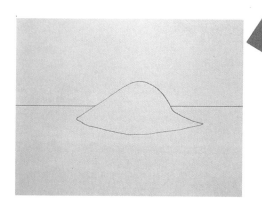

1. Dibuja en una cartulina azul la silueta de la isla y el horizonte.

2. Recorta trozos de papel celofán azul y pégalos en el mar. Si sobrepones distintos pedazos conseguirás un color azul más intenso.

4. Recorta dos o tres troncos en el papel pinocho marrón.

5. Dobla una tira ancha de papel pinocho verde como un acordeón.

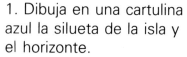

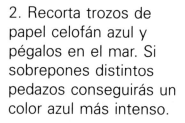

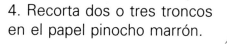

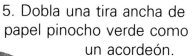

3. Recubre la isla con una cola fuerte. Echa encima las virutas de corcho. Presiona con la mano durante unos segundos para que queden pegadas.

6. Dibuja una hoja de palmera y recórtala. Te saldrán muchas. Hazles unos cortes laterales.

7. Pégalas en la parte superior de los troncos en forma de abanico.

8. Recorta círculos de diferentes tamaños en papel de seda amarillo, naranja y rojo para formar el sol.

9. Pégalo todo en la cartulina inicial. También puedes añadir un náufrago con un loro.

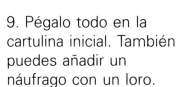

La ciudad

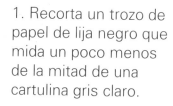

2. Dibuja y recorta formas sencillas de casas de diferentes colores.

1. Recorta un trozo de papel de lija negro que mida un poco menos de la mitad de una cartulina gris claro.

3. Pega las casas en la parte superior del papel de lija.

4. Recorta una tira de cartulina gris oscuro para la acera. Dibuja en ella una cuadrícula para simular las baldosas.

5. Recorta cuadrados y rectángulos pequeños para ventanas y puertas.

6. Puedes dibujar y recortar algunos coches. No te olvides de las ruedas.

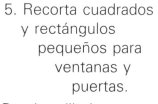

7. Pega la acera, las ventanas y las puertas, así como los coches que circulan por la calzada.

8. Para terminar, dibuja antenas de televisión en los tejados.

Un frutero decorativo

1. Busca en revistas fotografías de frutas.

2. Recorta un trozo de papel estampado y pégalo en la parte inferior de un papel negro. Será el mantel.

3. En un papel doblado por la mitad, dibuja medio frutero y recórtalo. Será la plantilla.

4. Coloca la plantilla sobre una cartulina de color claro, repasa el perfil del frutero y recórtalo.

5. Dibuja unas flores en la parte superior del frutero, como si fuera de cerámica.

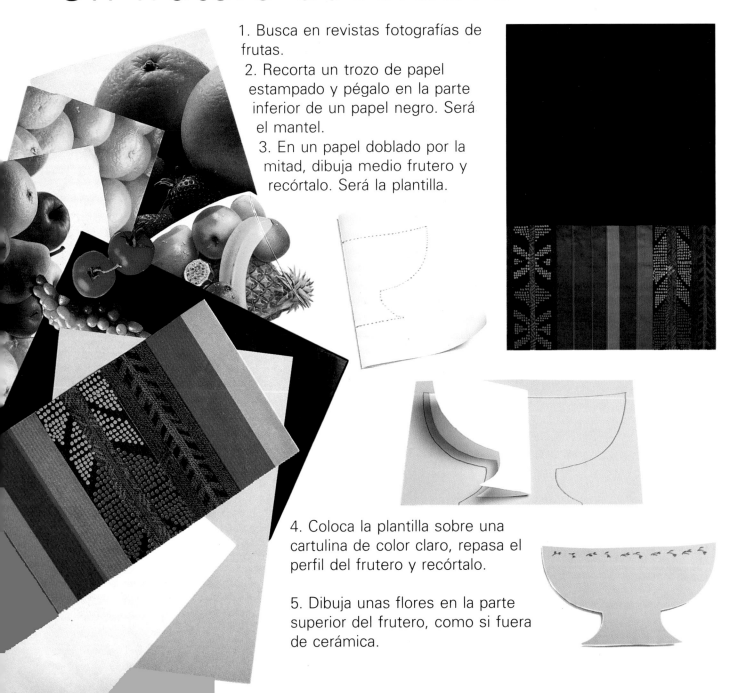

6. Para el tapete, dobla una hoja de papel · blanco por la mitad y luego, otra vez por la mitad. Dibuja una línea curva con ondas.

7. Dóblalo como en la foto y haz pequeños cortes. Ya puedes abrirlo y pegarlo en el mantel.

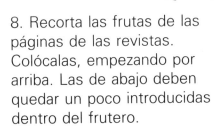

8. Recorta las frutas de las páginas de las revistas. Colócalas, empezando por arriba. Las de abajo deben quedar un poco introducidas dentro del frutero.

9. Dale un poco de sombra al frutero, como puedes ver en la foto, con un lápiz del mismo color que la cartulina.

En alta mar

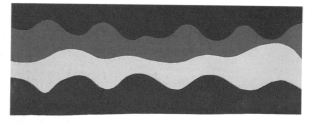

1. Corta tiras de cartulina de distintos tonos de azul. Uno de los dos lados recórtalo formando ondas, serán las olas.

2. Pega las tiras azules en la base de cartulina. Empieza por arriba, de manera que las olas tapen la línea recta.

3. Intenta combinar los diferentes azules para que te quede más vistoso.

4. En otra cartulina dibuja un barco con una pestaña por abajo que te servirá para moverlo. Recórtalo.

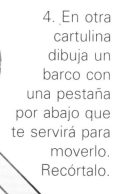

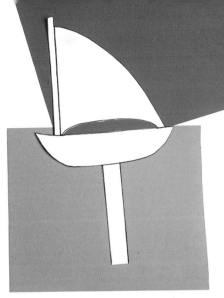

5. Utiliza este barco de plantilla para recortar en cartulinas de colores la vela, el palo mayor, el barco y la pestaña.

6. Pega cada parte en su lugar. Ahora que tu barco ya está listo, haz un pequeño corte entre las olas y colócalo. Puedes moverlo. ¡Qué mareo!

Ventana con vistas

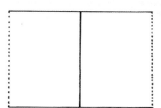

2. Dibuja un rectángulo, un poco más pequeño que la fotografía escogida, en el centro de una cartulina blanca.

1. Busca entre tus fotos, un paisaje que te guste.

3. Recórtalo por las líneas marcadas.

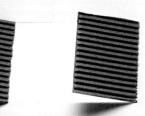

4. Pega en ambos lados de cada hoja de la ventana cartón ondulado.

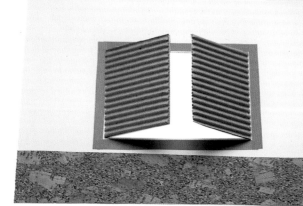

5. Recorta y pega cuatro tiras de cartulina marrón alrededor de la ventana. Será el marco. Debajo pega un trozo de plancha de corcho simulando el arrimador.

6. Con una tira gruesa de papel pinocho forma un churro y pégalo en la parte superior a modo de listón de la cortina.

7. Para las cortinas recorta dos rectángulos de tela. Pide a un adulto que los planche formando pliegues por un lado.

8. Pega las cortinas debajo del listón, solamente por la parte superior. Coloca la fotografía del paisaje por detrás, pegada con cinta adhesiva.

13

Figuras de otoño

1. Recoge hojas secas y déjalas unos días debajo de varios libros, para que se alisen.

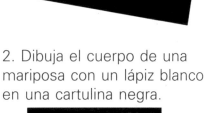

2. Dibuja el cuerpo de una mariposa con un lápiz blanco en una cartulina negra.

3. Escoge cuatro hojas que serán las alas de la mariposa. Las dos de arriba deben parecerse, igual que las dos de abajo.

4. Pega dos hojas más pequeñas sobre las alas grandes. Mejor si son de otro color. Usa dos bastoncitos para las antenas.

5. Puedes hacer las figuras que se te ocurran, según las hojas que tengas. Forma figuras encima de la cartulina y, sólo cuando te convenza el resultado, pega las hojas.

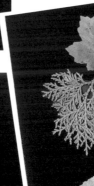

6. También puedes recortar alguna hoja para conseguir la forma que desees. Por ejemplo, la cabeza y patas de este pájaro.

En la playa

1. Busca y recorta de revistas la imagen de un cielo y cualquier otra cosa de color azul.

2. Divide el papel en tres partes. En la parte superior, pega el cielo.

3. Recorta pedacitos de los recortes azules, dándoles estas formas.

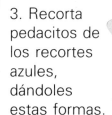

4. Pégalos procurando mezclar los distintos tonos de azul. Coloca cola fuerte con un pincel en la parte inferior. Echa el serrín que será la arena. Presiona con la mano para que se pegue.

5. Construye casitas de playa con palos de madera de helados. Pégalos sobre un papel cualquiera y recórtalos dándoles forma de casita.

6. Finalmente, coloca las casitas en la playa y pégalas. ¡Felices vacaciones!

Mi pueblo

1. Dibuja, en una cartulina, unas casas en las que se vean bien los tejados. Numéralas. Haz una fotocopia.

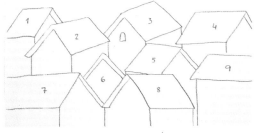

2. Recorta, una a una, las casas de la fotocopia.

3. Para el cielo, primero coloca una base de papel de seda naranja y después recorta con los dedos nubes de papel de seda blanco y pégalas encima.

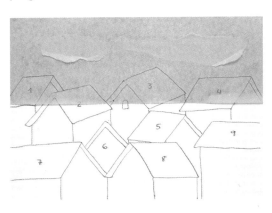

4. Utilizando las casitas recortadas como plantillas, pega encima las paredes con cartulinas de distintos tonos entre el crema y el marrón oscuro, y los tejados con papel ondulado.

5. Pega las casitas a la primera cartulina. Te ayudará el haberlas numerado anteriormente.

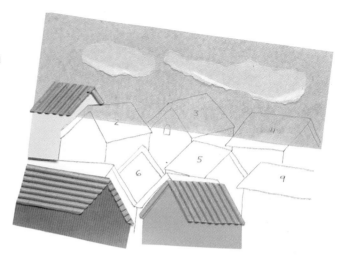

6. Recorta puertas, ventanas y balcones de distintos colores y pégalos en las casas. Para que se vean bien debes pegar en cada casa ventanas, balcones y puertas de distinto color que las paredes.

Caperucita Roja

1. Escoge recortes de telas de diferentes colores y estampados.

2. Dibuja a Caperucita en un papel sin olvidar el corpiño, el delantal y la caperuza.

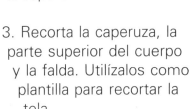

3. Recorta la caperuza, la parte superior del cuerpo y la falda. Utilízalos como plantilla para recortar la tela.

4. Prepara la tela del fondo. Pide a un adulto que la planche doblando los extremos. Pega las tres partes recortadas sobre esta tela.

5. Ahora, recorta la cara, el delantal, el corpiño y las manos. Utilízalos también como plantilla para recortar las telas.

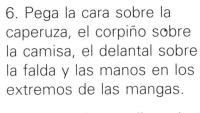

6. Pega la cara sobre la caperuza, el corpiño sobre la camisa, el delantal sobre la falda y las manos en los extremos de las mangas.

7. Recorta las medias y los zuecos de papel. Sigue el mismo procedimiento, utilízalas de plantilla. Dibuja la cara de la niña.

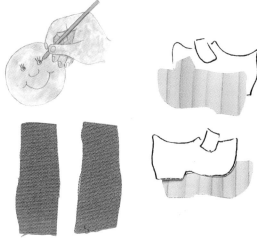

8. Escoge seis trozos de lana largos, átalos por el centro y haz una trenza a cada lado. Pon un lazo con una cinta. Añade unas flores secas en una mano.

9. Puedes ponerle un marco de madera para que quede como un cuadro. De esta forma puedes hacer cualquier personaje.

Escultura original

1. Recorta un rectángulo de papel de seda un poco más ancho que el cilindro de cartón y pégalo. Introduce el papel sobrante de la parte superior en el interior del tubo.

2. Haz lo mismo con el resto de los tubos utilizando papel de distintos colores.

3. Recorta cintas de colores, que sean siempre de color más oscuro que la del papel del tubo.

4. Dóblalas y con los dedos, no con tijeras, haz un corte irregular.

5. Pega las tiras de papel en los tubos.

6. Con unas tijeras, haz ranuras en ambos extremos de cada tubo para poder encajar las piezas de tu escultura.

7. Combina las piezas de colores en una construcción. Busca el equilibrio, ¡debe mantenerse en pie!

8. Cuantas más piezas tengas, más complicado y divertido será el castillo-escultura que podrás construir.

Atasco en el plato

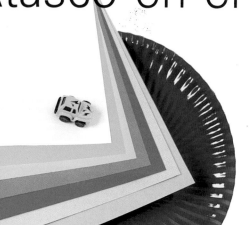

1. Dibuja en cartulinas de distintos colores las siluetas de vehículos diferentes.

2. Recórtalos, el lado que no has dibujado quedará más limpio.

3. Para las ruedas, taladra las cartulinas de colores y combínalos.

4. En un plato de papel de color vivo, pega un cochecito de juguete.

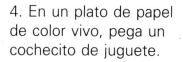

5. Después, pega los coches de cartulina alrededor. ¡Menudo atasco!

Manteloso

1. Necesitas papel de envolver regalos estampado con distintas figuras de un mismo tema (osos, por ejemplo).

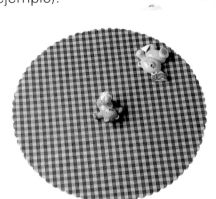

2. Recorta las imágenes de los osos.

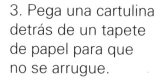

3. Pega una cartulina detrás de un tapete de papel para que no se arrugue.

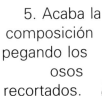

4. Encola algunos ositos de juguete en el tapete.

5. Acaba la composición pegando los osos recortados.

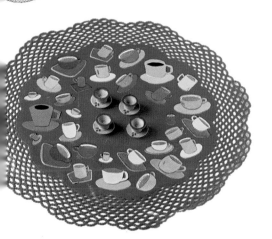

6. Puedes inventar otros colages, como por ejemplo éste de tazas.

Mueble con ventana

2. En un papel haz un dibujo esquemático de tu composición.

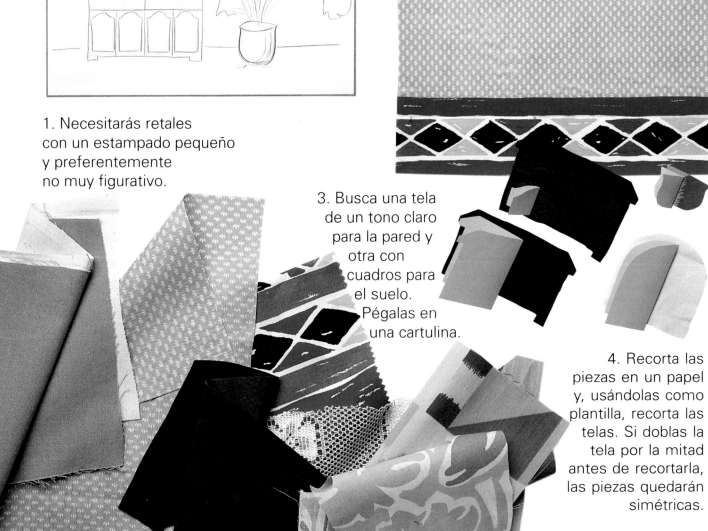

1. Necesitarás retales con un estampado pequeño y preferentemente no muy figurativo.

3. Busca una tela de un tono claro para la pared y otra con cuadros para el suelo. Pégalas en una cartulina.

4. Recorta las piezas en un papel y, usándolas como plantilla, recorta las telas. Si doblas la tela por la mitad antes de recortarla, las piezas quedarán simétricas.

6. Inventa jarrones, cuadros, cajas, cortinas... en función de los estampados que tengas.

5. Completa las piezas por separado, no las pegues a la base hasta que no estén todos los detalles.

7. Coloca todas las piezas en su sitio, si te gusta como queda ya puedes pegarlas.

Composiciones geométricas

1. Necesitarás papeles variados de diferentes texturas y de una misma gama de colores. Aquí se han escogido colores tierra.

2. Recorta figuras geométricas irregulares y tiras de distintos colores.

3. Algunas de las tiras puedes doblarlas como si fuera un plisado. Haz unas más estrechas y otras más anchas.

4. Intenta hacer composiciones diferentes y no utilices el pegamento hasta que no tengas cubierto todo el rectángulo del fondo.

5. Cuando lo tengas claro, encola las distintas partes.

6. Puedes hacer cuatro composiciones y ponerlas juntas. ¡Verás que bonito juego de tonos!

Los descubrimientos en colage de este libro